Für Greta.
Für Oma Friede.

Illustrationen: Gesa Noffke
Text: Stefan Wodarz
Layout und Satz: Elias Noffke
Textkorrektur: Ragna Noffke, Christa Fischer
Druck und Bindung: WWF Druck + Medien GmbH Greven
1. Auflage 2018
Unterrichtsmaterialien zu diesem Buch finden Sie unter: www.nowo-verlag.de

nowo-verlag Bargteheide 2018
www.nowo-verlag.de

Der Traum von Afrika

Gesa Noffke, Stefan Wodarz

nowo-verlag

Der Sommer neigte sich langsam dem Ende entgegen und der Herbst stand vor der Tür.

Die vier Gänse von Papa und Anton waren inzwischen auf eine größere Koppel verlegt worden.

Tag für Tag sahen sie weitere Gänse am Himmel, die sich auf den Weg nach Afrika machten.

Dort ist es nämlich schön warm, wenn es bei uns Winter wird. Meist flogen sie in einer Art Pfeilformation und schnatterten vor Freude, da sie sich so sehr auf ihren warmen, sonnigen Urlaub freuten.

Die Gänse von Papa und Anton waren noch nie in Afrika und jedes Mal, wenn sie die anderen Gänse über sich fliegen sahen und ihre Schreie am Himmel hörten, hielten sie inne und schauten zu ihnen hinauf. Anton beobachtete sie dabei und hatte manchmal das Gefühl, dass sie traurig aussahen. Aber vielleicht täuschte er sich ja auch.

Dass er sich nicht täuschte, stellte sich einige Zeit später heraus. Er war gerade dabei, den Gänsestall auszumisten, als er bemerkte, wie sich die vier Gänse auf ihn zubewegten. Er blieb vorsichtshalber mit der Mistgabel in der Hand stehen, bis sie direkt vor ihm standen. Die erste Gans räusperte sich und wusste scheinbar nicht, wie sie das Gespräch anfangen sollte. Sie drukste etwas herum, bevor sie begann: „Du Anton, wir haben mal eine Frage. Wir haben ja noch einen Wunsch bei dir frei. Kannst du dich daran erinnern?"

„Natürlich kann ich mich daran erinnern", antwortete Anton und blickte sie erstaunt an.

„Wie sollte ich das je vergessen? Egal, wie groß der Wunsch auch sein mag, ich werde ihn euch erfüllen!"

„Nun", mischte sich jetzt die zweite Gans in das Gespräch ein, „wir hätten da eine Sache, die wir uns wünschen. Nun ja, und wir haben lange diskutiert, ob wir das verlangen können, aber ...".

„Was aber?", unterbrach sie Anton.

„Also gut!" Sie nahm all ihren Mut zusammen. „Wir wollen nach Afrika, um dort Urlaub zu machen!"

Anton fiel die Mistgabel aus der Hand. „Nach Afrika?", rief er ungläubig. „Ich dachte es geht um einen Wunsch, den ich euch erfüllen kann! Soll ich jetzt ein Flugzeug bauen oder euch im Koffer auf ein Schiff schmuggeln oder…?" Anton bekam kaum noch Luft.

In dem Moment flogen erneut viele Gänse über ihre Köpfe hinweg. Anton schaute nach oben und hörte die lauten Schreie der Gänse. Langsam senkte er den Kopf und schaute die vier Gänse an. „Genau, Anton! Wir brauchen kein Flugzeug oder Schiff. Wir haben Flügel, die uns bis nach Afrika tragen können. Afrika muss wunderschön sein. Die anderen Gänse fliegen jedes Jahr im Winter dort hin und genießen die warme Sonne. Wir möchten endlich mal mitfliegen."

Bei Anton drehte sich alles. Er hatte mit allem gerechnet, aber nicht mit Afrika! Er musste sich erst einmal auf einen Strohballen setzen. „Und, und, und, wobei kann ich euch unterstützen?", stotterte Anton. „Bring uns Fliegen bei!", antwortete eine der Gänse. „Aber, aber, ihr müsstet doch fliegen können! Ihr habt doch Flügel! Warum fliegt ihr dann nicht einfach?", fragte Anton, immer noch ganz durcheinander. „Wie das geht, wissen wir nicht mehr so genau! Wir sind so lange nicht mehr geflogen", antwortete die Gans. „Ich auch nicht", erwiderte Anton und schwenkte seine Arme wie eine fliegende Gans. „Ich bin noch nie geflogen! Ich habe nicht mal Flügel! Ich kann euch bei allem anderen helfen, aber fliegen kann ich selber nicht.

Wie sollte ich euch also das Fliegen beibringen? Ihr seid verrückt!"

„Aber, aber du hast einen Papa, der ALLES kann! Der hat bestimmt eine Idee!" „Papa? Der hält mich für verrückt, wenn ich ihm sage, dass unsere Gänse im Winter nach Afrika wollen!", entgegnete Anton. „Bitte versuche es!", flehte ihn eine weitere Gans an und Tränen schossen ihr in die Augen. Anton schaute die Gänse lange schweigend an. Dann gab er sich einen Ruck und antwortete: „Meinetwegen, ich werde mit Papa reden! Aber ich kann euch nichts versprechen!" Immer noch leicht benommen von dem Wunsch der Gänse wankte Anton zum Schafstall, wo Papa gerade den Stall ausmistete.

„Was? Nach Afrika?", rief Papa, nachdem Anton ihm den Wunsch der Gänse vorgetragen hatte. Papa schaute Anton ungläubig an und schnappte nach Luft. „Du willst mich auf den Arm nehmen!" „Nein", antwortete Anton. „Alle Gänse fliegen im Winter in den Urlaub nach Afrika." „Aber doch nicht unsere!", schnaufte Papa.

„Sie haben versprochen, jeden Sommer wiederzukommen. Den Weg kennen sie ja!" „Das ist doch alles Blödsinn! Unsere Gänse können überhaupt nicht mehr fliegen. Die sind inzwischen viel zu träge und fett!" Anton schaute Papa an und Tränen traten ihm in die Augen.

„Papa, sie haben noch einen Wunsch bei mir frei. Bitte hilf mir, ihnen das Fliegen beizubringen. Ich möchte ihnen ihren Wunsch erfüllen!"

Papa nahm Anton in den Arm und strich ihm durchs Haar. „Lass mich darüber nachdenken! Ich muss jetzt weiter ausmisten und du musst den Hühnern noch Wasser geben." Er wischte Anton die Tränen aus den Augen, drückte ihn fest an sich und dann gingen beide wieder an ihre Arbeit.

In der Nacht wachte Papa plötzlich auf. Er hatte die Fenster leicht geöffnet, um etwas Luft ins Schlafzimmer zu lassen und hörte das Schreien und Flattern fremder Gänse, die auf dem See am Waldrand übernachteten. Er konnte nicht mehr einschlafen. „Sie wollen nach Afrika", murmelte er vor sich hin und schüttelte den Kopf. Dann stand er auf und setzte sich an seinen Schreibtisch. Er hatte eine Idee und fing an zu zeichnen.

Am nächsten Morgen wachte Anton auf und hörte von draußen ein Klopfen und Hämmern. „Was macht Papa denn schon draußen?", dachte er, streckte sich und schlüpfte in seine Klamotten. Dann rannte er die Treppe hinunter und lief in den Garten. Er konnte nicht glauben, was er dort sah. „Papa, was ist das denn?" Anton stand mit offenem Mund vor Papa. „Guten Morgen, Anton", lachte Papa und drehte sich zu ihm um. Du möchtest doch, dass unsere Gänse nach Afrika fliegen!", schmunzelte er und nahm Anton in den Arm. „Ja, das möchte ich. Aber was ist das?", fragte Anton und zeigte auf die Holzkonstruktion. „Also", fing Papa an zu erklären. „Das ist ein Gänseflugpodest. Mit diesem Podest werden die Gänse den Start und die Landung üben, damit sie heile nach Afrika kommen."

„Du bist der Beste!", rief Anton und umarmte ihn ganz fest. „Aber", sagte Papa mit einem komischen Unterton, der Anton aufblicken ließ. „Was denn?" „Na ja, das Wichtigste ist nun deine Aufgabe: Nämlich Training, Training, Training! Sie müssen tausende Kilometer fliegen und dafür müssen sie vorbereitet werden. Schaffst du das, Anton?" „Ach Papa, na klar schaffe ich das! Ich möchte nichts mehr, als dass ihr Traum in Erfüllung geht und sie nach Afrika fliegen können." „Na dann los!" sagte Papa.

Sie brachten das Flugpodest zu den Gänsen auf die Koppel. Denen fielen fast die Augen aus, da sie nicht wussten, was das zu bedeuten hatte. „Das ist ein Gänseflugpodest", deutete Anton auf das hölzerne Gebilde. „Ihr werdet nach Afrika fliegen und Urlaub machen und ich werde euch dabei unterstützen!", lachte Anton.

„Juhuuuu", kreischten die Gänse und liefen vor lauter Freude schnatternd die Koppel auf und ab. Beim dritten Mal Koppel Auf- und Ablaufen brach die erste Gans zusammen und pfiff aus dem letzten Loch. „Hilfe!", hechelte sie. „Ich bin jetzt schon völlig fertig." „Wie sollen wir das denn schaffen?" riefen jetzt auch die anderen schnaufend. „Bis nach Afrika?"

„Genau das ist der Punkt", antworteten Papa und Anton wie aus einem Munde.

„Wenn ihr nach Afrika fliegen wollt, bedeutet das hartes Training!"

In den kommenden Wochen und Monaten absolvierten die Gänse jeden Tag ein hartes Trainingsprogramm:

- Ausdauerlauf, mindestens 30 Minuten am Tag, um die Beinmuskeln zu trainieren.

- Koppel auf und abrennen, mindestens 10 Mal mit kräftigen Flügelschlägen, um die Flugkraft zu stärken.

- Seilspringen, mindestens 50 Mal ohne Fehler, um die Flügel und Beine zu stärken.

- Und dann immer wieder 100-Meterläufe, damit sie auch wirklich auf die richtige Geschwindigkeit kommen können, um von dem Podest abheben zu können.

Immer wieder trainierten sie das Abheben vom Flugpodest. Die vier Gänse hatten in den ersten Wochen einen fürchterlichen Muskelkater und unzählige blaue Flecken. Aus dem Stall hörten Papa und Anton abends Klagerufe wie „Au" und „Oh nee" und „Ich kann nicht mehr" und ein „Oh, bitte nicht anfassen. Mir tut alles weh!"

Aber nach ungefähr 6 Monaten und 5 Kilogramm weniger pro Gans klappten die Übungen wie von selbst und Anton ließ die Gänse gezielter auf dem Flugpodest das Abheben und das Landen üben. Die ersten Male rannten die Gänse an und fielen auf der anderen Seite der Rampe einfach wieder herunter. Das gab Gestöhne und weitere blaue Flecken. „Oh nee, ich dachte damit sind wir durch!", klagte eine Gans und eine andere antwortete: „He, geht mal von meinem Bein runter, sonst ist es gleich platt!"

„Ihr müsst viel stärker mit den Flügeln schlagen, wenn ihr oben an der Rampe angekommen seid, sonst fallt ihr runter, wie Fallobst! Los, nochmal, aber jetzt ordentlich mit den Flügeln schlagen!" Die Gänse verdrehten ihre Augen und wankten ganz langsam zurück zur Startposition. Anton klatschte in die Hände, aber keine der Gänse lief los. „Was ist los? Kommt schon! Lauft los!", rief Anton.

„Wir schaffen das nicht. Wir können nicht mehr!", riefen die Gänse und fielen auf der Koppel um. „Ihr schafft das schon. Wir trainieren jetzt schon fast ein Jahr, ihr dürft jetzt nicht aufgeben!" „Das sagst du so einfach. Du bist ja auch keine Gans. Wir geben jetzt auf!", schnatterten die Gänse und torkelten in ihren Stall. Dort legten sie sich auf das frische Stroh und schliefen völlig erschöpft ein.

Anton konnte es nicht fassen und rannte sofort zu Papa. „Papa, die Gänse wollen aufgeben. Sie sind völlig erschöpft und liegen schlafend in ihrem Stall." „Ach Anton, du musst ihnen auch öfter mal eine Pause gönnen!"

„Training bedeutet auch immer, dass du ihnen von Afrika und von der Schönheit des Fluges dorthin erzählst. Du musst sie motivieren und ihnen auch innere Kraft geben."
Anton schluchzte und Papa nahm ihn in seine starken Arme und brachte ihn ins Bett.
Er saß noch einen Moment auf Antons Bett und strich ihm über den Kopf. „Ach kleiner Anton, du bist genauso erschöpft wie deine Gänse!" Dann stand er auf, knipste das Licht aus und schloss leise die Tür, während Anton schon eingeschlafen war.

In der Nacht schlich Papa zu den Gänsen. „Psst, Gänse!", flüsterte er. „Seid ihr wach?" Er hörte ein leises Schnattern und schloss daraus, dass sie wach waren. „Ich muss mit euch reden", fing er an. „Anton möchte euch euren Wunsch erfüllen und ihr dürft ihn jetzt nicht enttäuschen. Wisst ihr, um nach Afrika fliegen zu können, muss man gut trainiert sein und das seid ihr nun. Ihr seid jetzt fast am Ziel und kurz davor, loszufliegen. Ihr habt viel dafür getan, um euren Traum wahrwerden zu lassen und dürft jetzt nicht aufgeben. Glaubt an euch und…!"
Papa redete die halbe Nacht und er erzählte ihnen von der Schönheit Afrikas und wie wichtig es ist, für seinen Traum zu kämpfen und wie stolz er auf sie war. Und, und, und… .
Irgendwann verabschiedete er sich und ging schlafen.
Die Gänse hatten während der ganzen Zeit keinen Ton gesagt, aber sie hatten jedes Wort verstanden und in ihren Herzen aufgenommen. Nachdem Papa gegangen war, schauten sie sich lange an. „Er hat recht", brach die erste Gans das Schweigen. „Wir dürfen jetzt nicht aufgeben!"
Die anderen nickten und ihre Herzen fingen plötzlich an zu pochen und ihre Bäuche fingen an zu kribbeln, weil sie endlich verstanden hatten, dass sie es wirklich schaffen können. An diesem Abend schliefen sie alle vier mit einem breiten Lächeln auf dem Schnabel ein und träumten von der Schönheit Afrikas.

In den nächsten Tagen machte Anton immer wieder Pausen, um den Gänsen von Afrika und der Reise zu berichten und sie für die Erfüllung ihres Traumes zu motivieren, wie Papa es ihm gesagt hatte. Voller Vorfreude schafften die Gänse den Start über die Rampe inzwischen problemlos. Die Tage wurden kürzer und der bevorstehende Abflug rückte näher.

Eines Abends hörten sie wieder die ersten Schreie vorbeiziehender Gänse, die oben am Himmel nach Afrika flogen. Anton, Papa und die vier Gänse wurden ganz nervös, denn sie wussten, dass der Abschied nun kurz bevor stand.

Ein paar Tage später saßen Anton und Papa auf ihrer Bank am Haus. „Morgen ist ein guter Tag, Anton. Morgen sollten wir es probieren." „Meinst du wirklich, Papa? Ich habe die Gänse so in mein Herz geschlossen, dass ich sie gar nicht gerne wegfliegen lasse!" „Denk an den Wunsch der Gänse. Sie wollen unbedingt nach Afrika und du hast sie perfekt darauf vorbereitet." Das verstand Anton und er ging hinüber zum Gänsestall, um es ihnen mitzuteilen. Vor lauter Aufregung konnten Anton, Papa und die vier Gänse in dieser Nacht kaum ein Auge zumachen.

Der nächste Tag war stürmisch. Das war gut, denn so konnten sich die Gänse beim Abflug durch den Wind in die Höhe treiben lassen. Anton richtete die Startrampe aus. Dann rannte er zum anderen Ende der Koppel, wo Papa mit den Gänsen stand. „Du läufst vor ihnen her, damit sie die passende Geschwindigkeit haben!", rief Papa. Der Wind hatte zugenommen und die Windböen wurden tückischer. „Okay!", rief Anton. „He, Gänse, ich wünsche euch einen tollen Flug und hoffe, dass ihr im kommenden Jahr wiederkommt!" Dann nahm er jede noch einmal in den Arm, um sich von ihnen zu verabschieden.

Die Gänse hatten am Abend vorher darum gebeten, dass der Abschied nicht zu traurig werden sollte, da sie sonst nicht losfliegen könnten. Sie hatten sich bei Papa und Anton für alles bedankt und waren etwas wehmütig in ihren Stall zurückgekehrt.

Anton stellte sich vor die Gänse und schrie: „1, 2, 3 und los!" Dann rannte er los und die Gänse hinterher. Sie wurden immer schneller und näherten sich der Rampe.

Anton scherte plötzlich zur linken Seite aus und die Gänse rannten hintereinander auf die Rampe, ohne ihr Tempo zu verringern. Als sie am Ende der Rampe angekommen waren, breiteten sie ihre Flügel aus. Genau in diesem Moment traf sie eine starke Windböe von oben. Die Gänse stürzten ab, wie bei den allerersten Flugversuchen. Anton und Papa sahen die Szene voller Panik und rannten sofort zu ihnen. Die Gänse lagen alle übereinander.

„Hilf uns!", rief die Gans, die ganz unten lag. Anton und Papa entknoteten die Gänse und halfen ihnen wieder auf die Beine. Sie waren ziemlich mitgenommen und angeschlagen.

„Ich blute!", schrie die eine voller Panik. „Mein Bein ist gebrochen!", klagte die zweite Gans. „Mein Flügel ist gebrochen.", stöhnte die nächste. „Es reicht jetzt!", rief Papa, „Es ist alles nicht so schlimm wie es aussieht."

Das mussten die Gänse einsehen und gaben sofort Ruhe. „Ihr könnt das schaffen. Denkt an euren Traum! Los jetzt! Wir versuchen es nochmal!", motivierte Papa die Gänse lauthals gegen den immer stärker werdenden Wind.

Papa musste sich etwas einfallen lassen. Anton hatte sich beruhigt und die Gänse begaben sich mehr oder weniger freiwillig zurück zur Startrampe. Wer weiß, wie das Wetter am nächsten Tag sein würde und ob die Gänse überhaupt noch Kraft für einen weiteren Versuch hatten! „Jetzt oder nie!", murmelte Papa in den Wind hinein.

Papa hatte nämlich eine Idee! Er holte Anton und flüsterte ihm ins Ohr: „Anton, du hast doch noch den Gänsestock, mit dem du sie vor zwei Sommern so sehr erschreckt hast, sodass sie sofort in den Tiefschlaf fielen, oder?" „Ja klar!" flüsterte Anton in Papas Ohr. „Dann hol ihn. Ich habe eine Idee!" Die Gänse waren am Startpunkt angekommen und sahen Anton und Papa flüstern. „Die hecken doch was aus!" sagte die eine Gans und musste sich an den anderen festhalten, damit sie nicht weggeweht wurde. „Ist doch egal", schnatterte eine andere Gans. „Wir haben noch einen Versuch. Es muss jetzt klappen! Ich will nach Afrika." Mit diesen Worten stellten sie sich wieder auf und sahen gerade noch aus den Augenwinkeln, dass Papa etwas in der Hand hielt. Aber bevor sie sich darüber Gedanken machen konnten, stand Anton schon vor ihnen. Er war gespannt, was Papa vorhatte. Wieder schrie er: „1, 2, 3 und los!" Und wieder rannte er mit rasender Geschwindigkeit auf die Rampe zu. Die Gänse bissen die Zähne zusammen, legten den Kopf schräg und folgten ihm in einem Höllentempo.

Plötzlich schrie Papa von hinten: „Ein Hund! Vorsicht, ein grässlicher, großer Hund!" Dann ertönte ein fürchterliches Gebell und die Büsche raschelten unter den Tritten des Hundes, der wie wild hinter ihnen her zu sein schien. So wild, dass sich die Äste bogen. Anton und die Gänse erschraken. Doch diesmal fielen die Gänse nicht in einen tiefen Schlaf, sondern sie rannten noch schneller als vorher, so dass sie sich nicht mal mehr umdrehen konnten.
Wieder schrie Papa, der Hund bellte und die Büsche raschelten.
Anton scherte links aus und die Gänse rannten wie wild auf die Rampe zu. In dem Moment drehte sich Anton zu Papa um, der wie ein Wilder mit dem Stock in die Büsche haute und dabei laut bellte. Anton schaute erst erstaunt, dann schmiss er sich bei dem Anblick von Papa vor Lachen auf den Boden.
In dem Moment hoben die vier Gänse ab, Richtung Afrika.

„Ihr habt es geschafft. Juhuu , ihr habt es geschafft!", schrie Anton und lief ihnen bis zum Ende der Koppel hinterher. „Es war doch ganz einfach!" Papa kam angerannt und nahm ihn auf die Schulter, damit er den Gänsen noch länger hinterherblicken konnte. Anton war immer noch ganz aufgeregt.

Eine riesige kreischende Anzahl von Graugänsen überflog in diesem Moment die Koppel. Die vier Gänse schlossen sich ihnen an. Sie drehten sich noch einmal um und riefen: „Vielen Dank, Anton! Vielen Dank, Papa!" Dann wurden ihre Flügelschläge kräftiger und sie verschwanden mit den anderen Gänsen in der Ferne.

Papa und Anton standen noch lange auf der Koppel und Freudentränen liefen ihre Gesichter hinunter. „Du bist ein richtig schlauer Papa!", rief Anton gegen die starken Windböen.

„Und du bist ein ganz toller Anton!", lachte Papa und drückte Anton ganz fest an sich.

„Ich liebe gute Bilderbücher und habe diese meinen Kindern jeden Abend mit großer Begeisterung vorgelesen!"
Gesa Noffke (Bilder)

„Wenn du wissen möchtest, ob Kinder deine Geschichte erleben, schaue in ihre Gesichter!"
Stefan Wodarz (Geschichte)